Sundarkand

Sri Ramcharitmanas Sundarkand in English Script

Presented by : DivineBharat

Art By : Sujata Saha

Sundarkand

Written by Goswami Tulsidas
Presented by DivineBharat

ISBN: 978-93-5777-891-6
For enquiries, contact:
info.divinebharat@gmail.com

www.divinebharat.co

Content

Introduction

The Sundarakand—literally "the Beautiful Episode"—is celebrated as the most enchanting and spiritually potent section of Goswami Tulsidas's Sri Ramcharitmanas. Nestled at the heart of the epic, it chronicles Hanuman's daring journey to Lankaa in search of Sita, revealing not only his superhuman feats but also the depth of his devotion. While the Ramcharitmanas in its entirety uplifts the soul, the Sundarkand shines with unparalleled luminosity, its verses resonating as living mantras that dispel fear, kindle courage, and draw the reader ever closer to the Divine.

In this episode, Hanuman embodies the perfect union of strength and surrender. From traversing the vast ocean to presenting Rama's signet ring to Sita, every moment is charged with devotion's fire. Alongside these heroic exploits, the text teems with profound spiritual insights: the power of unwavering faith, the grace that follows selfless service, and the inner

transformation that occurs when one turns wholly to the Lord. It is no wonder that generations of devotees have found in the Sundarakaṇḍa both solace in times of distress and inspiration for steadfast practice.

Sundarkand is taken from the Sri Ramcharitmanas, the great devotional work composed by Goswami Tulsidas in the Awadhi language—a sweet and poetic dialect of Hindi. Tulsidas wrote in a way that brought the divine story of Lord

Ram closer to the hearts of everyday people. The verses in Sundarkand are written using traditional poetic forms:

•Chaupai: A four-line verse used throughout the text for its smooth rhythm and flow.

•Doha: A two-line couplet, often used to express a key message or transition in the story.

•Chhand: A lyrical, musical verse form used to describe scenes with beauty and detail.

• Sortha: A variation of Doha, often appearing at the end of sections for emphasis.

In this edition, the original Awadhi verses are transliterated into English letters (Roman script), allowing readers who may not read Hindi script to recite and enjoy the rhythm and spiritual depth of Sundarkand. This format is especially helpful for devotional reading, chanting, or learning by heart.

Sundarkand is more than a story—it is a prayer, a meditation, and a spiritual guide for all who seek courage, clarity, and connection with the Divine.

Paarayan-vidhi

Those noble souls who wish to perform the prescribed recitation should, before beginning the text, first invoke and worship Sri Tulsidas, Sri Valmiki, Sri Siva, and Sri Hanuman. With the three brothers (Lakshman, Bharat, and Satrughn), they should invoke Sri Sitaram, perform the Shadashopchar puja (sixteen-step worship), and meditate. Only after these rites are complete should the actual recitation commence. The mantras for each invocation, worship step, and meditation are provided below in their proper sequence.

Bhagwan Shri Janakinath Ji Ki Aarti

Om ||

Jaya Janakinatha,
Ho Prabhu jaya Shri Raghunatha I
Dou kar jore vinavau,
Prabhu meri suno baata II Om II

Tum Raghunath hamare,
Pran pita-mata I
Tum ho sajan sangati,
Bhakti mukti data II Om II

Chaurasi Prabhu phand churavo,
Meto Yam traasa I
Nish din Prabhu mohi rakho,
Apne sang saatha II Om II

Sita Ram Lakshman Bharat Shatrughan,
Sang chaarau bhaiya I
Jagamag jyoti virajat,
Shobha ati lahiya II Om II

Hanumat naad bajavat,
Nupur thumakata I
Kanchan thal aarati,
Karat Kaushalya mata II Om II

Kirit mukut kar dhanush virajat,
Shobha ati bhaari I
Maniram darshan kar,
Tulasidas darshan kar,
Pal pal balihari II Om II

Jaya Janakinatha,
Ho Prabhu jaya Shri Raghunatha I
Ho Prabhu jaya Sita mata,
Ho Prabhu jaya Lakshman bhrata II Om II

Ho Prabhu jaya chaarau bhrata,
Ho Prabhu jaya Hanumat dasa I
Dou kar jore vinavau,
Prabhu meri suno baata II Om II

Atha Avahan-mantrah

tulasika namas tubhyam
ihagaccha shucivrata I

nairritye upavishya idam
pujanam pratigrihyatam II 1 II

Om tulasidasaya namah I

srivalmika namas tubhyam
ihagaccha shubhaprada I

uttara-purvayor madhye
tishtha grihana me arcanam II 2 II

Om valmikaya namah I

gauripate namas tubhyam
ihagaccha maheshvara I

purva-dakshinayor madhye
tishtha pujam grihana me II 3 II

Om gauripataye namah I

sri lakshmana namas tubhyam
ihagaccha saha-priyah I

yamyabhage samatishtha
pujanam sangrihana me II 4 II

Om sri sapatnikaya lakshmanaya namah I

sri shatrughna namas tubhyam
ihagaccha saha-priyah I

pithasya pashchime bhage
pujanam svikurushva me II 5 II

Om sri sapatnikaya shatrughnaya namah I

sri bharata namas tubhyam
ihagaccha saha-priyah I

pithasya uttare bhage
tishtha pujam grihana me II 6 II

Om sri sapatnikaya bharataya namah I

sri hanuman namas tubhyam
ihagaccha kripanidhe I

purvabhage samatishtha
pujanam svikuru prabho II 7 II

Om hanumate namah I

atha pradhan puja cha
kartavya vidhi-purvakam I

pushpanjalim grihitva tu
dhyanam kuryat parasya cha II 8 II

raktambhoja-dalabhiram nayanam
pitambar alankritam I

shyamangam dvibhujam
prasanna-vadanam
shri sitaya shobhitam II

karunyamrita-sagaram
priya-ganair bhratradibhir bhavitam I

vande vishnu-shivadi-sevyam
nisham nisham
bhakteshta-siddhi-pradam II 9 II

agaccha janakinatha
janakya saha raghava I

grihana mama pujam cha
vayuputradi-bhir yutah II 10 II

itya avahanam I

suvarna-rachitam ramyam
divya-astaran shobhitam I

asanam hi maya mattam
grihana mani-chitritam II 11 II

|| *iti shodasha-upacharaih pujayet* ||

Om asya shriman manas-ramayan shri-ram-charitasya shri-shiva kakabhushundi yagyavalkya goswami tulsidasa rishayahI shri-sitaramo devataI shri-ram-nam bijamIbhava-roga-hari bhaktih shaktihI mama niyantrita ashesh-vighnataya shri-sita-ram-priti-purvaka sakala-manoratha-siddhyartham pathe viniyogahII

Atha acamanam

Shri sita-ramabhyam namah |

Shri ramachandray namaak |

Shri ramabhadray namah |

iti mantratritayen acamanam kuryat |

sriyugalbeejmantren pranayama kuryat ||

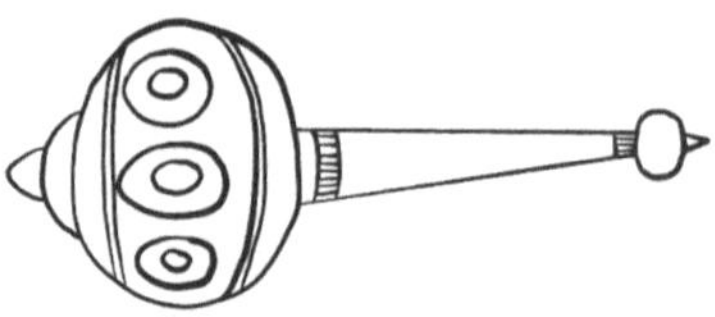

Atha kara-nyasah

jag mangal gun-gram ram ke |
dani mukuti dhan dharam dham ke ||
Angushtha-bhyam namah |
ram ram kahi ye jamuhahii |
tinhahi na paap punj samuhahii ||
Tarjani-bhyam namaḥ |
ram sakal namanh te adhika |
hou nath agh khag gan badhika ||
Madhyama-bhyam namah |
Uma daru joshit ki nami |
sabahi nachavat ramu gosaii ||
Anamika-bhyam namah |
sanamukha hoi jiv mohi jabhii |
janm koti agh nasahii tabahii ||
Kanishthika-bhyam namah |
mam-abhi-rakshay raghukul naayak |
dhrit bar chaap ruchir kar saayak ||
Karatal-karaprisht-bhyam namah |

|| *iti karanyasah* ||

Atha Hridayadi-nyasah

jaga mangal gun-gram ram ke |
dani mukuti dhan dharm dham ke ||
hridayay namaḥ ||
ram ram kahi je jamuhahii |
tinhahi na paap punya samuhahii ||
shirase svaaha ||
ram sakala namanh te adhikaa |
hou nath agh khag gan vadhikaa ||
Shikhaayay vashant ||
uma daaru joshit ki naai |
sabahi nacchavata ramu gosai ||
kavachay huum ||
sanamukh hoi jiv mohi jabahii |
janm koti agh naasahii tabahii ||
Netrabhyaam vaushatt ||
mam-abhi-rakshay raghukul naayak |
dhrit bar chaap rucir kar saayak ||
astraay phatt ||

|| *iti hridayaa-dinyaasah* ||

Atha Dhyaanam

maam-avalokay pankaj locan |
Kripa bilokani socha bimocan ||
neel taamaras syaam kaam ari |
hriday kanj makarand madhup hari ||
jaatudhan baruth bal bhanjan |
muni sajjan ranjan agh ganjan ||
bhusur sasi nav brind balaahak |
asaran saran din jan gaahak ||
bhuj bal bipul bhaar mahi khandit |
Khar dushan biraadh badh pandit ||
raavanaari sukh-rupa bhupabar |
jay dasarath kul kumud sudhaakar ||
sujas puraan bidit nigam-aagam |
gaavat sur muni sant samaagam ||
karunik vyalik mad khandan |
sab bidhi kusal kosal mandan ||
kali mal mathan naam mamataahan |
tulasidaas prabhu paahi pranat jan ||

iti dhyanam ||

|| Om || shriparamaatmane namah||
praṇavau pavankumar
khal ban pavak gyan-ghan |
jaasu hriday aagaar basahi
ram sar chaap dhar ||

Kishkindhaakaand

[Doha 29]

bali bāndhata prabhu baḍheu
so tanu barni na jāi |
ubhay ghaṛī maṁ dīnhī
sāt pradakṣiṇ dhāi ||

Chaupai

aṅgada kahai jauṃ maiṃ pārā |
jīyaṃ saṃśaya kachu phirati bārā ||
jāmbavanta kaha tumha saba lāyaka |
paṭhaiā kimi saba hī kara nāyaka ||1||

kahai rīchha-pati sunu hanumānā |
kā cupa sādhī rahehu balavānā ||
pavana-tanaya bala pavana samānā |
buddhi viveka vijñāna nidhānā ||2||

kavana so kāja kaṭhina jaga māhīṃ I
jo nahi hoi tāta tumha pāhīṃ II
rāma kāja lagi tava avatārā I
sunata-hi bhayau parvatākārā II3II

kanaka varṇa tana teja birājā I
mānauṃ apara girinha kara rājā II
siṃhanāda kari bārāhīṃ bārā I
līlahīṃ nāghau jalanidhi khārā II4II

sahita sahāya rāvaṇa-hi mārī I
ānau iha trikūṭa upārī II
jāmbavanta maiṃ pucchahuṃ tohī I
ucita sikhāvanu dījehu mohī II5II

etnā karahu tāta tumha jāī I
sītahi dekhi kahahu sudhi āī II
taba nija bhuja bala rājiva-nainā I
kautuka lāgi saṅga kapi senā II6II

Chhand

kapi sena saṅghāri niśicara
rāmu sītahi ānihai I
trailoka pāvana sujasu sura muni
nārada-ādi bakhānihai II
jo sunata gāvata kahata
samujhata parama pada nara pāvai I
raghubīra pada paṅkaja
madhukara dāsa tulasī gāvai II

Doha 30 (Ka)

bhava bheṣaja raghunātha jasu
sunahi je nara aru nārī I
tinha kara sakala manoratha
siddha karihi trisira-ārī II

Soratha 30 (Kha)

nīlotpala tana śyāma kāma
koṭi sobhā adhika I
suniya tāsu guṇa grāma jāsu
nāma agha khaga badhika II

Mangalacharan

shriganeshaay namah ||
shrijaanaki-vallabho vijayate ||

Shriraamacarit-maanas
Pancam Sopaan

|| Shlok ||

Shaantam shaashvatam aprameyam anagham nirvaana shaanti-pradam,

Brahmaashambhu phaneendra sevyam anisham vedaanta vedyam vibhum |

Raamaakhyam jagadeeshvaram suragurum maayaam anushyam harim,

Vandeham karunaakaram raghuvaram bhoopaala choodaamanim ||1||

Naanya sprihaa Raghupate hridaye-asmadeeye,
Satyam vadaami cha bhavaan-akhila-antaratmaa |

Bhaktim prayaccha Raghupungav
nirbharaam me,
Kaamaadi-dosh-rahitam
kuru maanasam cha I I 2 I I

Atulit-bal-dhaamam
hem-shailaabh-deham,
Danujavan-krishaanum
jnaaninaam-agra-ganyam |

Sakalaguna-nidhaanam
vaanaraanaam-dheesham,
Raghupati-priy-bhaktam
vaat-jatam namaami I I 3 I

Jaamavant ke bachan suhaaye |
Suni Hanumant hriday ati bhaaye ||
Tab lagi mohi parikhehu tumh bhaai |
Sahi dukh kand mool phal khaai ||

Jab lagi aawau Seetahi dekhi |
Hoihi kaaju mohi harash biseshi ||
Yah kahi naai sabanhi kahun matha |
Chaleu harashihiyadhari Raghunatha

Sindhu teer ek bhudhar sundar |
Kautuk koodi chadheu taa upar ||
Baar baar Raghubeer sambhaari |
Tarkeu Pavantanay bal bhaari ||

Jehi giri charan dei Hanumantaa |
Chaleu so gaa Pataal turantaa ||
Jimi amogh Raghupati kar baana |
Ehi bhaanti chaleu Hanumaana ||

Jalanidhi Raghupati doot bichaari |
Tai Mainaak hohi shram-haari ||

[Doha]
Hanumaan tehi parsaa kar
puni keenh pranaam I
Raam kaaju keenhe binu
mohi kahaan bishraam I I 1 I I

Jaat Pavanasut devanhi dekhaa |
Jaanai kahun bal buddhi biseshaa ||
Sursa naam ahinh kai maataa |
Pathainhi aai kahi tehi baataa ||

Aaj suranh mohi deen ahaaraa |
Sunat bachan kah Pavanakumaara ||
Raam kaaju kari phiri main aawau |
Sita kai sudhi Prabhuhi sunaawau ||

Tab tav badan paithihaun aai |
Satya kahun mohi jaan de maai ||
Kabanehun jatan dei nahi jaana |
Grasasi na mohi kaheun Hanumana ||

Jojan bhari tehi badanu pasaaraa |
Kapi tanu keenh dugun bistaaraa ||
Sorah jojan mukh tehi thayaau |
Turat Pavanasut battis bhayaau ||

Jas jas Sursa badanu badhaavaa |
Taasu doon Kapi roop dekhaavaa ||
Sat jojan tehi aanan keenhaa |
Ati laghu roop Pavanasut leenhaa ||

Badan paithi puni baaher aawaa |
Maaga bidaa taahi siru naawaa ||
Mohi suranh jehi laagi pathaawaa |
Buddhi bal maramu tor mai paawaa ||

[Doha]

Ram kaaj sabu karihahu
tumh bal buddhi nidhaan|
Aasis dei gayi so
Harsh chalet Hanumaan||2||

Nisichari ek sindhu mahu rahaee |
Kari maayaa nabhu ke khag gahaee ||
Jeev jantu je gagan udhaaheen |
Jal biloki tinh kai parichhaaheen ||

Gahai chaah sak so na udaa-ee |
Ehi bidh sadaa gaganchar khaa-ee ||
Soi chhal Hanumaan kahin keenhaa |
Tasu kapatu Kapi turatahi chenhaa ||
Taahi maari Maarutsut beeraa |
Baaridhi paar gayau matidheeraa ||
Tahan jaai dekhi ban sobhaa |
Gunjat chanchareek madhu lobhaa ||

Naanaa taru phal phool suhaaye |
Khag mrig brind dekhi man bhaaye ||
Sail bisaal dekhi ek aage |
Taa par dhaai chadheu bhay tyaage ||

Uma na kachhu Kapi kai adhikaai |
Prabhu prataap jo kaalahi khaai ||
Giri par chadhi Lanka tehi dekhi |
Kahi na jaai ati durg biseshi ||

Ati utang jalanidhi chahu paasaa |
Kanak kot kar param prakaasaa ||

[Chhand 1]
Kanak kot bichitra mani krit |
sundar aayatna ghanaa ||
Chauhatt hatt subatt beethin |
chaaru pur bahu bidhi banaa ||
Gaj baaji khacchar nikar |
padchar rath baroothanhi ko ganai ||
Bahuroop nisichar jooth |
atibal sen baranat nahi banai ||1||

[Chhand 2]
Ban baag upban baatika |
sar koop baapee soh-hii ||
Nar naag sur Gandharb kanya |
roop muni man moh-hii ||

Kahun maal deh bisaal |
sail samaan atibal garj-hii ||
Naana akhaarenh bhirahi bahubidhi |
ek ekanh tarjahii ||2||

[Chhand 3]
Kari jatan bhat kotinh bikat tan |
nagar chahu disi rachchh-hii ||
Kahu mahish manush dhenu khar aj |
khal nisichar bhachch-hii||

Ehi laagi Tulaseedaas inh ki |
katha kachhu ek hai kahi ||
Raghubeer sar teerath sareeranhi |
tyaagi gati paihahii sahi ||3||

[Doha]
Pur rakhvaare dekhi bahu |
Kapi man keenh bichaar
Ati laghu roop dharahu nisi |
nagar karahu paisaar ||3||

Masak samaan roop Kapi dhari |
Lankahi chaleu sumiri Narahari ||
Naam Lankini ek nisichari |
So kah chalesi mohi nindari ||

Jaanehi nahi maramu sath moraa |
Mor ahaar jahaan lagi chora ||
Muthika ek maha Kapi hani |
Rudhir bamat dharane dhan-mani ||

Puni sanbhaari uthi so Lanka |
Jori paani kar binay sasanka ||
Jab Raavanahi Brahm bar deenhaa |
Chalat Biranchi kaha mohi chenhaa ||

Bikal hosi tai Kapi ke maare |
Tab jaanesu nisichar sanghaare ||
Taat mor ati punya bahoota |
Dekheu nayan Raam kar dootaa ||

[Doha]
Taat swarg apabarg sukh |
dhariy tulaa ek ang
Tool na taahi sakal mili |
jo sukh lav satsang ||4||

Prabisi nagar keeje sab kaajaa |
Hriday rakhi Kosalpur raajaa ||
Garal sudhaa ripu karahi mitaa-ee |
Gopad sindhu anal sitlaa-ee ||

Garud Sumeru renu sam taahi |
Raam kripaa kari chitva jaahi ||
Ati laghu roop dhareu Hanumaanaa |
Paitha nagar sumiri Bhagvaanaa ||

Mandir mandir prati kari sodhaa |
Dekhe jahn tahn aganit jodhaa ||
Gayu Dasaanan mandir maahin |
Ati bichitra kahi jaat so naahin ||

Sayan kiye dekha Kapi tehi |
Mandir mahin na deekhi Baidehi ||
Bhavan ek puni deekh suhaavaa |
Hari mandir tahn bhinn banaavaa ||

[Doha]
Raamayudh ankit grih |
sobhaa barani na jaai
Nav Tulasikaa brind tahan |
dekhi harashi Kapiraai ||5||

Lanka nisichar nikar nivaasaa |
Ihaan kahaan sajjan kar baasaa ||
Man mahun tarak karai Kapi laagaa |
Tehi samay Bibhishan jaagaa ||

Raam Raam tehi sumiran keenhaa |
Hriday harash Kapi sajjan cheenha ||
Ehi san hathi karihau pahichaanee |
Saadhu te hoi na kaaraj haanee ||

Bipra roop dhari bachan sunaaye |
Sunat Bibhishan uthi tahan aaye ||
Kari pranaam poonchhi kusalaai |
Bipra kahahu nij katha bujhaai ||

Ki tumh Hari daasanh mah koee |
More hriday preeti ati hoee ||
Ki tumh Raamu deen anuraagee |
Aayahu mohi karan badbhaagee ||

[Doha]
Tab Hanumant kahi sab |
Raam katha nij naam
Sunat jugal tan pulak |
Man magan sumiri gun graam ||6||

Sunahu Pavansut rahani hamaari |
Jimi Dasananhi mahu jeebh bichari ||
Taat kabahun mohi jaani anaathaa |
Karihahin kripaa Bhaanukul naatha ||

Taamas tanu kachhu saadhan nahin |
Preeti na pad saroj man maahin ||
Ab mohi bha bharos Hanumantaa |
Binu Hari-kripaa milahii nahii santa ||

Jau Raghubeer anugrah keenhaa |
Tau tumh mohi daras hathi deenhaa ||
Sunahu Bibhishan Prabhu kay reete |
Karahii sadaa sevak par preetee ||

Kahahu kavan main param kuleena |
Kapi chanchal sabeenh bidh heena ||
Praat lehi jo naam hamaaraa |
Tehi din taahi na milay ahaaraa ||

[Doha]
As main adham sakha |
sunu mohu par Raghubeer
Keenhi kripaa sumiri |
gun bhare bilochan neer ||7||

Jaanatahun as Swaami bisaaree |
Phirahii te kaahe na hohii dukhaare||
Ehi bidhi kahat Raam gun graamaa |
Paavaa anirbaachy bishraamaa ||

Puni sab katha Bibhishan kahee |
Jehi bidhi Janaksutaa tahan rahee ||
Tab Hanumant kahaa sunu bhraataa |
Dekhi chahau Jaanakee maataa ||

Juguti Bibhishan sakal sunaayee |
Chaleu Pavansut bidaa karaaee ||
Kari soyi roop gayau puni tahavaa |
Ban Asok Seetaa rah jahavaa ||

Dekhi manhi mahu keenh pranaama |
Baithahii beeti jaat nisi jaamaa ||
Kris tanu sees jataa ek benee |
Japati hriday Raghupati gun shrene ||

[Doha]
Nij pad nayan diyen |
man Raam pad kamal leen
Param dukhi bha Pavansut |
dekhi Jaanaki deen ||8||

Taru pallav mahun rahaa lukaai |
Karai bichaar karau kaa bhaai ||
Tehi avasar Raavanu tahan aawaa |
Sang naari bahu kiyen banaawaa ||

Bahu bidhi khal Sitahi samujhaawaa |
Saam daan bhay bhed dikhaawaa ||
Kah Ravan sunu sumukhi sayaanee |
Mandodari aadi sab raani ||

Tav anucharee karau pan moraa |
Ek baar biloku mam oraa ||
Trin dhari ot kahati Baidehee |
Sumiri Avadhpati param sanehee ||

Sunu Dasamukh khadyot prakaasaa |
Kabahun ki nalinee karai bikaasaa ||
As man samujhu kahati Jaanakee |
Khal sudhi nahin Raghuber baan ke ||
Sath soone Hari aanehi mohi |
Adham nilajj laaj nahin tohi ||

[Doha]
Aapuhi suni khadyot sam |
Raamahi bhaanu samaan ||
Purush bachan suni kaadhi asi |
Bola ati khisiaan ||9||

Seetaa tai mam krit apamaanaa |
Katihau tav sir kathin kripaanaa ||
Naahin ta sapadi maanu mam baani |
Sumukhi hoti na ta jeevan haani ||

Shyaam saroja daam sam sundar |
Prabhu bhuj kari karsam Daskandhar
So bhuj kanth ki tav asi ghoraa |
Sunu sath as pravaan pan moraa ||

Chandrahaas haru mam paritaapam |
Raghupati birah anal sanjaatam ||
Seetal nisit bahasi bar dhaaraa |
Kah Sitaa haru mam dukh bhaaraa ||

Sunat bachan puni maaran dhaawa |
Maytanya kahin neeti bujhaawaa ||
Kahesi sakal nisicharinh bolaai |
Seetahi bahu bidhi traasahu jaai ||

Maas divas mahun kaha na maana |
Tau main maarabi kaadhi kripaanaa ||

[Doha]

Bhavan gayau Dasakandhar |
ihaan pisaachini brind
Seetahi traas dikhaawahi |
dharahin roop bahu mand ||10||

Trijata naam raachhasi ekaa |
Ram charan rati nipun bibekaa ||
Sabanhau boli sunaesi sapnaa |
Seetahi sei karahu hit apnaa ||

Sapne baanar Lanka jaari |
Jatudhaan sena sab maari ||
Khar aaruhd nagan Das-seesa |
Mundit sir khandit bhuj beesa ||

Ehi bidhi so dakshin disi jaai |
Lanka manahu Bibheeshan paai ||
Nagar phiri Raghubeer dohaai |
Tab Prabhu Seeta boli pathaai ||

Yah sapnaa main kahau pukaari |
Hoihi satya gayen din chaari ||
Taasu bachan suni te sab dareen |
Janaksuta ke charanan-hi pareen ||

[Doha]
Jah tah gayee sakal tab
Seeta kar man soch |
Maas divas beeten mohi
maarihi nisichar poch ||11||

Trijata san boli kar jori |
Maatu bipati sangini tai mori ||
Tajau deh karu begi upaai |
Dusah birahu ab nahin sahi jaai ||

Aani kaath rachu chita banaai |
Maatu anal puni dehi lagaai ||
Satya karahi mam preeti sayaani |
Sunai ko shravan sool sam baani ||

Sunat bachan pad gahi samujha-esi |
Prabhu pratap bal sujasu suna-esi ||
Nisi na anal mil sunu sukumaari |
As kahi so nij bhavan sidhaari ||

Kah Seeta bidh bha pratikoola |
Milahi na paavak mitihi na soola ||
Dekhiat pragat gagan angaraa |
Avani na aavat ekau taaraa ||

Paavakmay sasi stravat na aagi |
Manahu mohi jaani hatbhaagi ||
Sunahi binay mam bitap Asoka |
Satya naam karu haru mam soka ||

Nootan kisalay anal samaanaa |
Dehi agini jani karahi nidaanaa ||
Dekhi param birahaakul Seeta |
So chhan kapihi kalap sam beeta ||

[Sortha]
Kapi kari hriday bichaar |
Deenhi mudrika daari tab |
Janu Asok angaar |
Deenhi harashi uthi kar gaheu ||12||

Tab dekhi mudrika manohar |
Ram naam ankit ati sundar ||
Chakit chitav mudari pahichani |
Harash bisad hriday akulani ||

Jeeti ko sakai ajay Raghurai |
Maya te asi rachi nahin jaai ||
Seeta man bichar kar naana |
Madhur bachan boleu Hanumana ||

Ramchandra gun barnai laaga |
Sunat hi Seeta kar dukh bhaaga ||
Laagi sunai shravan man laai |
Aadihu ten sab katha sunai ||

Shravanamrit jehi katha suhaai |
Kahi so pragat hoti kin bhaai ||
Tab Hanumant nikat chali gayaau |
Phir baithi man bisamay bhayaa-u ||

Ram doot main Maatu Janaki |
Satya sapath Karunanidhan ki ||
Yah mudrika maatu main aani |
Deenhi Ram tumh kah sahidani ||

Nar baanarahi sang kahu kaisen |
Kahi katha bhai sangati jaisen ||

[Doha]
Kapi ke bachan saprem suni
upja man biswas |
Jaana man karam bachan yah
kripasindhu kar daas ||13||

Harijan jaani preeti ati gaadhi |
Sajal nayan pulkavali baadhi ||
Boodat birah jaladhi Hanumana |
Bhayau taat mo kahun jaljaana ||

Ab kahu kushal jaaun balihari |
Anuj sahit sukh bhavan kharari ||
Komalchit kripaal Raghurai |
Kapi kehi hetu dhari nithurai ||

Sahaj baani sevak sukh daayak |
Kabhuk suratı karat Raghunayak ||
Kabhuh nayan mam seetal taata |
Hoihahi nirakhi Shyam mridu gaata ||

Bachan na aav nayan bhare baari |
Ahah Naath haun nipat bisaari ||
Dekhi param birahaakul Seeta |
Bola kapi mridu bachan binita ||

Maatu kushal Prabhu anuj sameta |
Tav dukh dukhi sukripa niketa ||
Jani janani manahu jiyan oona |
Tumh te premu Ram ken doona ||

[Doha]
Raghupati kar sandesu ab
sunu janani dhari dheer |
As kahi kapi gad gad bhayau
bhare bilochan neer ||14||

Kaheu Ram biyog tav Seeta |
Mo kahun sakal bhaye bipareeta ||
Nav taru kisalay manahu krisaanu |
Kaalnisa sam nisi sasi bhaanu ||

Kub-lay bipin kunt ban sarisa |
Barid tapat tel janu barisa ||
Je hit rahe karat tei peera |
Urag swaas sam tribidh sameera ||

Kahehu ten kachhu dukh ghati hoyi |
Kaahi kahau yah jaan na koyi ||
Tatv prem kar mam aru tora |
Jaanat priya eku manu mora ||

So manu sada rahat tohi paahin |
Jaanu preet ras etenahi maahin ||
Prabhu sandesu sunat Baidehi |
Magan prem tan sudhi nahin tehi ||

Kah kapi hriday dheer dharu maata |
Sumiru Ram sevak sukhdaata ||
Ur aanahu Raghupati prabhutai |
Suni mam bachan tajahu kadrai ||

[Doha]
Nisichar nikar patang sam
Raghupati baan krisaanu |
Janani hriday dheer dhar
jare nisachar jaanu ||15||

Jau Raghubeer hoti sudhi paayi |
Karate nahin bilambu Raghurai ||
Rambaan ravi uye Janaki |
Tam barooth kahin Jaatudhan ki ||

Abahi maatu main jaaun lavaayi |
Prabhu aayasu nahin Ram dohaayi ||
Kachhuk divas janani dharu dheera |
Kapinh sahit ai-hahii Raghubeera ||

Nisichar maari tohi lai jaihahin |
Tihun pur Naradadi jasu gaihahin ||
Hain sut kapi sab tumhahi samaana |
Jatudhaan ati bhat balvaana ||

More hriday param sandeha |
Suni kapi pragat keenh nij deha ||
Kanak bhudharakaar sareera |
Samar bhayankar atibal beera ||

Seeta man bharos tab bhayau |
Puni laghu roop Pavansut layau ||

[Doha]
Sunu maata saakhaamrig
nahin bal buddhi bisaal |
Prabhu prataap ten garud-hi
khaai param laghu byaal ||16||

Man santosh sunat kapi baani |
Bhagati prataap tej bal saani ||
Aasish deenhi Rampriy jaana |
Hohu taat bal seel nidhaana ||

Ajar amar gunnidhi sut hohu |
Karahu bahut Raghunayak chhohu ||
Karahu kripa prabhu as suni kaana |
Nirbhar prem magan Hanumaana ||

Baar baar naayesi pad seesa |
Bola bachan jori kar keesa ||
Ab krit-kritya bhayau mai maata |
Aasish tav amogh bikhaata ||

Sunu maatu mohi atisay bhookha |
Laagi dekhi sundar phal rookha ||

Sunu sut karahin bipin rakhavaari |
Param subhat rajaneechar bhaari ||

Tinh kar bhay maata mohi naahin |
Jau tumh sukh maanhu man mahin ||

[Doha]
Dekhi buddhi bal nipun kapi
kaheu Janakee jaahu |
Raghupati charan hriday dhari
taat madhur phal khaahu ||17||

Chaleu naai siru paithau baagaa |
Phal khaayesi taru torain laagaa ||
Rahe tahaan bahu bhat rakhavaare |
Kachhu maaresi kachhu jai pukare ||

Naath ek aavaa kapi bhaari |
Tehi Asok baatika ujaari ||
Khaayesi phal aru bitap upaare |
Rakshak mardi mardi mahi daare ||

Suni Raavan pathaey bhat naanaa |
Tinhahi dekhi garjeu Hanumaanaa ||
Sab rajaneechar kapi sanghaare |
Gaye pukaarat kachhu adhmaare ||

Puni pathayau tehi Achcha-kumara |
Chalaa sang lay subhat apaaraa ||
Aawat dekhi bitap gahi tarjaa |
Taahi nipaati mahaadhuni garjaa ||

[Doha]
Kachhu maareysi kachhu mardaysi
kachhu milaysi dhari dhoori |
Kachhu puni jaai pukaare
prabhu markat bal bhoori ||18||

Suni sut badh Lankes risaanaa |
Pathayesi Meghnaad balwaanaa ||
Maarasi jani sut baandhesu taahi |
Dekhi kapihi kahaan kar aahi ||

Chalaa Indrajit atulit jodhaa |
Bandhu nidhan suni upjaa krodhaa ||
Kapi dekhaa daarun bhat aavaa |
Katkataa-i garjaa aru dhaavaa ||

Ati bisaal taru ek upaaraa |
Birath keenh Lankes kumaaraa ||
Rahe mahaabhat taake sanga |
Gahi gahi kapi mardai nij anga ||

Tinhahi nipaati taahi san baajaa |
Bhire jugal maanhu gajaraajaa ||
Muthika maar Chadha taru jaai |
Taahi ek chhan muruchhaa aayi ||

Uthi bahori keenhisi bahu maayaa |
Jeeti na jaai Prabhanjan jaayaa ||

[Doha]
Brahm astra tehi saandhaa
kapi man keenh bichaar |
Jau na Brahmasar maanau
mahima mitai apaar ||19||

Brahmbaan kapi kahun tehi maara |
Paratihu baar kataku sanghaara ||
Tehi dekhaa kapi muruchhit bhayau |
Naagpaas baandhesi lai gayau ||

Jaasu naam japi sunahu Bhavaani |
Bhav bandhan kaatehin nar gyaani ||
Taasu doot ki bandha taru aavaa |
Prabhu karaj lagi kapihi bandhaava ||

Kapi bandhan suni nisichar dhaae |
Kautuk laagi sabhaa sab aae ||
Dasamukh sabhaa deekhi kapi jaai |
Kahi na jaai kachhu ati prabhutai ||

Kar jore sur disip binitaa |
Bhrikuti bilokat sakal sabhitaa ||
Dekhi prataap na kapi man sanka |
Jimi ahigan mahun Garudh asanka ||

[Doha]
Kapihi biloki Dasanan
bihasa kahi durbaad |
Sut badh surti keenhi puni
upjaa hriday bishaad ||20||

Kah Lankes kavan tain keesa |
Kehin ke bal ghalehi ban kheesa ||
Ki dhaun shravan sunehi nahin mohi |
Dekhau ati asank sath tohi ||

Maare nisichar kehin aparaadha |
Kahu sath tohi na praan kai baadha ||
Sunu Raavan Brahmand nikaaya |
Paai jaasu bal birachit maaya ||

Jaake bal Biranchi Hari Eesa |
Paalat srijat harat dasa-seesa ||
Jaa bal sees dharat sahasaanan |
Andakos samet giri kaanan ||

Dharai jo bibidh deh surtraata |
Tumh se satha-nnh sikhavanu data ||
Har kodand kathin jehi bhanja |
Tehi samet nrip dal mad ganja ||

Khar Dooshan Trisira aru Baali |
Badhe sakal atulit balasaali ||

[Doha]

Jaake bal lavales tain
jitehu charaa-char jhaari |
Taasu doot main jaa kari Hari
aanehu priy naari ||21||

Jaanau main tumhari prabhutai |
Sahasbaahu san pari laraai ||
Samar Baali san kari jasu paava |
Suni kapi bachan bihasi biharava ||

Khayau phal prabhu laagi bhookha |
Kapi subhaav te toreu rookha ||
Sab ken deh param priya swaami |
Maarahii mohi kumaarag gaami ||

Jinh mohi maara te main maare |
Tehi par baandheu tanay tumhaare ||
Mohi na kachhu baandhe kai laaja |
Keenh chahau nij prabhu kar kaaja ||

Binati karau jori kar Raavan |
Sunahu maan taji mor sikhaavan ||
Dekhau tumh nij kulahi bichaari |
Bhram taji bhajhu bhagat bhay hari ||

Jaake dar ati kaal deraai |
Jo sur asur charaachar khaai ||
Taaso bayaru kabahu nahin keejay |
More kahe Jaanaki deejay ||

[Doha]
Pranatpaal Raghunayak
karuna sindhu kharaari |
Gayein saran prabhu raakhihain
tav apraadh bisaari ||22||

Ram charan pankaj ur dharahu |
Lanka achal raaju tumh karahu ||
Rishi Pulasti jasu bimal mayanka |
Tehi sasi mahun jani hohu kalanka ||

Ram naam binu gira na soha |
Dekhu bichaari tyaagi mad moha ||
Basan heen nahin soh suraari |
Sab bhushan bhushit bar naari ||

Ram bimukh sampati prabhutai |
Jaai rahi paai binu paai ||
Sajal mool jinh saritanh naahii |
Barasi gaye puni tabahi sukhaahii ||

Sunu Dasakant kahau pan ropi |
Bimukh Ram traata nahin kopi ||
Sankar sahas Bishnu aj tohi |
Sakahin na raakhi Raam kar drohi ||

[Doha]
Mohamool bahu sool prad
tyaagahu tam abhimaan |
Bhajahu Ram Raghunayak
kripa sindhu Bhagwaan ||23||

Jadapi kahi kapi ati hit baani |
Bhakti bibek birati nay saani ||
Bola bihasi maha abhimaani |
Mila hamahi kapi gur bad gyaani ||

Mrityu nikat aai khal tohi |
Laagesi adham sikhavan mohi ||
Ulta hoihi kah Hanumaana |
Matibhram tor pragat main jaana ||

Suni kapi bachan bahut khisiaana |
Begi na harahu moorh kar praana ||
Sunat nisichar maaran dhaaye |
Sachivanh sahit Bibheeshan aaye ||

Naai sees kari binay bahoota |
Neeti birodh na maaria doota ||
Aan dand kachhu kariya gosaaee |
Sabahi kaha mantr bhal bhaee ||

Sunat bihasi bola Dasakandhar |
Ang bhang kari pathaiya bandar ||

[Doha]
Kapi kei mamtaa poonch par
sabahi kahau samujhaai |
Tel bori pat baandhi puni
paavak dehu lagaai ||24||

Poonchheen baanar tah jaaihi |
Tab sath nij naathahi lai aaihi ||
Jinh kai keenhasi bahut badaai |
Dekheu main tinh kai prabhutai ||

Bachan sunat kapi man musukaana |
Bhai sahaay Saarad main jaana ||
Jatudhaan suni Raavan bachnaa |
Laage rachai moorh soi rachnaa ||

Raha na nagar basan ghrit tela |
Baadhi poonch keen kapi khela ||
Kautuk kahaan aaye purabaasi |
Marahin charan karahin bahu hansi ||

Baajahii dhol dehin sab taari |
Nagar feri puni poonch prajaari ||
Paavak jarat dekhi Hanumantaa |
Bhayau param laghu roop turantaa ||

Nibuki chadhau kapi kanak ataarii |
Bhai sabheet nisichar naari ||

[Doha]
Hari prerit tehi avasar
chale marut unchaas |
Attahaas kari garja kapi
badhi laag akaas ||25||

Deh bisal param haruaai |
Mandir tei mandir chadh dhaai ||
Jarai nagar bha log bihaala |
Jhapat lapat bahu koti karaala ||

Taat maatu ha suniya pukaara |
Ehi avasar ko hamahi ubaara ||
Ham jo kaha yeh kapi nahi hoi |
Baanar roop dhareii sur koi ||

Saadhu avagya kar phalu aisaa |
Jarai nagar anaath kar jaisaa ||
Jaara nagaru nimish ek maahii |
Ek Vibhishan kar grih naahii ||

Ta kar doot anal jehii sirijaa |
Jara na so tehi kaaran Girijaa ||
Ulati palati Lanka sab jaari |
Koodi para puni sindhu majhaari ||

[Doha]
Poonch bujhaai khoi shram
dhari laghu roop bahori |
Janaksuta kei aageii
thaadh bhayau kar jori ||26||

Maatu mohi deeje kachhu cheenha |
Jaise Raghunayak mohi deenha ||
Choodamani utaari tab dayau |
Harash samet Pavansut layau ||

Kahehu taat as mor pranaama |
Sab prakaar prabhu poorankaama ||
Deen dayaal biridu sambhaari |
Harahu Naath mam sankat bhaari ||

Taat Sakrasut katha sunaayahu |
Baan prataap prabhuhi samjhayahu ||
Maas divas mahun Naathu na aava |
Tau puni mohi jiyat nahin paava ||

Kahu kapi kehi bidhi raakhau prana |
Tumhahu taat kahat ab jaana ||
Tohi dekhi seetali bhai chhaati |
Puni mo kahun soi dinu soi raati ||

[Doha]
Janaksutahi samujhaai kari
bahu bidh Dheeraj deenh |
Charan kamal siru naa-i kapi
Gavanu Ram pahii keenh ||27||

Chalat mahaadhuni garjesi bhaari |
Garbh stravahii suni nisichar naari ||
Naaghi sindhu ehi paarahi aava |
Sabad kilkila kapinh sunaava ||

Harashe sab biloki Hanumaana |
Nootan janm kapinh tab jaana ||
Mukh prasann tan tej biraaja |
Kinhesi Ramchandra kar kaaja ||

Mile sakal ati bhaye sukhaari |
Talafat meen paav jimi baari ||
Chale harashi Raghunayak paasa |
Poonchat kahat naval itihasa ||
Tab Madhuban bheetar sab aaye |
Angad sanmat madhu phal khaaye ||
Rakhvaare jab barjan laage |
Mushti prahaar hanat sab bhaage ||

[Doha]
Jaai pukaare te
sab ban ujaar jubaraaj |
Suni Sugreev harash kapi
kari aaye prabhu kaaj ||28||

Jou na hoti Sita sudhi paai |
Madhuban ke phal sakhahii ki khaai ||
Ehi bidh man bichaar kar raajaa |
Aai gaye kapi sahit samaajaa ||

Aai sabanhi naava pad seesaa |
Mileu sabanhi ati prem kapeesaa ||
Poonchhi kusal kusal pad dekhi |
Ram kripaan bha kaaju biseshi ||

Naath kaaju kinheu Hanumaanaa |
Raakhe sakal kapinh ke praanaa ||
Suni Sugreev bahuri tehi mileu |
Kapinh sahit Raghupati pahi chaleu ||

Ram kapinh jab aavat dekha |
Kiyein kaaju man harash bisesha ||
Phatik sila baithe dvau bhaai |
Pare sakal kapi charanan-hi jaai ||

[Doha]
Preeti sahit sab bhete
Raghupati karuna punj |
Poonchhi kusal Naath ab
kusal dekhi pad kanj ||29||

Jaamvant kah sunu Raghuraaya |
Jaa par Naath karahu tumh daaya ||
Taahi sadaa subh kusal nirantar |
Sur nar muni prasann taa upar ||

Soi bijai binai gun saagar |
Taasu sujasu trelok ujaagar ||
Prabhu kee kripaa bhayau sabu kaju
Janm hamaar suphal bha aaju ||

Naath Pavansut keenhi jo karni |
Sahasahun mukh na jaai so barni ||
Pavantanay ke charit suhaaye |
Jaamvant Raghupati-hi sunaaye ||

Sunat kripaanidhi man ati bhaaye |
Puni Hanumaan harash hiya laaye ||
Kahahu taat kehi bhaanti Jaanaki |
Rahati karati rachchha swapraan ki ||

[Doha]
Naam paaharu divas nishi
dhyaan tumhaar kapaat |
Lochan nij pad jantrit jaahii
praan kehin baatt ||30||

Chalat mohi chudamani deenhi |
Raghupati hriday lai soi leenhi ||
Naath jugal lochan bhari baari |
Bachan kahe kachu Janak kumaari ||

Anuj samet gahehu prabhu charna |
Deen bandhu pranataarti harna ||
Man kram bachan charan anuraagi |
Kehi apraadh naath haun tyaagi ||

Avagun ek mor main maana |
Bichhurat praan na keenh payaana ||
Naath so nayananhi ko apraadha |
Nisarat praan karihin hathi baadha ||

Birah agini tanu tool sameera |
Swaas jarai chhan maahin sareera ||
Nayan stravahi jalu nij hit laagi |
Jarai na paav deh birahaagi ||

Sita kay ati bipati bisaala |
Binahii kahe bhali deendayaala ||

[Doha]
Nimish nimish karunanidhi
jaahin kalap sam beeti |
Begi chaliy prabhu aaniy
bhuj bal khal dal jeeti ||31||

Suni Sita dukh prabhu sukh ayana |
Bhari aaye jal rajiv nayana ||
Bachan kaayan man mam gati jaahi |
Sapanehun boojhia bipati ke taahi ||

Kah Hanumant bipati prabhu soyi |
Jab tav sumiran bhajan na hoyi ||
Ketik baat prabhu jaatudhaan ki |
Ripuhi jeeti aanibi Jaanaki ||

Sunu kapi tohi samaan upakaari |
Nahin kou sur nar muni tanudhaari ||
Prati upakaar karau kaa tora |
Sanmukh hoi na sakat man mora ||

Sunu sut toyi urin main naahin |
Dekheu kari bichaar man maahin ||
Puni puni kapihi chitav surtraata |
Lochan neer pulak ati gaata ||

[Doha]
Suni prabhu bachan biloki mukh
gaat harashi Hanumant |
Charan parey premakul
traahi traahi Bhagwant ||32||

Baar baar prabhu chahai uthava |
Prem magan tehi uthab na bhaava ||
Prabhu kar pankaj kapi kei seesaa |
Sumiri so dasa magan Gaurisaa ||

Saavdhaan man kari puni Sankar |
Laage kahan katha ati sundar ||
Kapi uthaai prabhu hriday lagaava |
Kar gahi param nikat baithaava ||

Kahu kapi Raavan paalit Lanka |
Kehi bidhi daheu durg ati banka ||
Prabhu prasann jaana Hanumaana |
Bola bachan bigat abhimana ||

Saakhaamrig ke badi manusaaee |
Saakha tei saakha par jaaee ||
Naaghi Sindhu Haatakpur jaaraa |
Nisichar gan bidhi bipin ujaaraa ||

So sab tav prataap Raghuraai |
Naath na kachhu mori prabhutaaee ||

[Doha]

Taa kahun prabhu kachhu agam nahin jaa par tumh anukool |
Tab prabhaavam badhvaan-lahi jaari sakai khalu tool ||33||

Naath bhagati ati sukhdaayni |
Dehu kripaa kari anapaayini ||
Suni prabhu param saral kapi baani |
Evamastu tab kaheu Bhavaani ||

Uma Ram subhaau jehi jaana |
Taahi bhajanu taji bhaav na aana ||
Yah samvaad jaasu ur aavaa |
Raghupati charan bhagati soi pava ||

Suni prabhu bachan khahi kapibrinda
Jai Jai Jai Kripaal sukhaknandaa ||
Tab Raghupati kapipatihi bolaavaa |
Kaha chalaii kar karahu banaavaa ||

Ab bilambu kehi kaaran keeje |
Turat kapinh kahun aayasu deeje ||
Kautuk dekhi suman bahu barasi |
Nabh ten bhavan chale sur harasi ||

[Doha]

Kapipati begi bolaaye
aaye joothap jooth |
Naana baran atul bal
baanar bhaaloo barooth ||34||

Prabhu pad pankaj naavahi seesaa |
Garjahii bhaaloo mahaabal keesaa ||
Dekhi Ram sakal kapi sena |
Chitai kripaa kari raajiv nayna ||

Ram kripaa bal paayi kapindaa |
Bhae pacch-jut manahun girindaa ||
Harashi Ram tab keenh payaanaa |
Sagun bhaye sundar subh naanaa ||

Jaasu sakal mangalmay keeti |
Taasu payaan sagun yah neeti ||
Prabhu payaan jaana Baidehee |
Pharaki baam ang janu kahi dehee ||

Joi joi sagun Janakihi hoi |
Asagun bhayau Raavanahi soi ||
Chala kataku ko baranai paaraa |
Garjahin baanar bhaaloo apaaraa ||

Nakh aayudh giri paadapdhaari |
Chale gagan mahi ichchhaachaari ||
Kehrinaad bhaaloo kapi karahii |
Dagmagahin diggaj chikkarahii ||

[Chand 1]
Chikkarahii diggaj dol mahi
giri lol saagar kharbhare |
Man harash sabh Gandharb
sur muni naag kinnar dukh tare ||

Katkat-hii markat bikat bhat
bahu koti kotinh dhaavahin |
Jai Ram prabal prataap
Kosalnaath gun gan gaavahii ||1||

[Chand 2]

Sahi sak na bhaar udaar Ahipati
baar baarahin mohai |
Gah dasan puni puni kamath
prisht kathor so kimi sohai ||

Raghubeer ruchir prayaan prasthiti
jaani param suhaavani |
Janu kamath kharpar sarpraaj
so likhat abichal paavani ||2||

[Doha]
Ehi bidhi jaai Kripaanidhi
utare saagar teer |
Jah tah laaghe khaan phal
bhaaloo bipul kapi beer ||35||

Uhaan nisaachar rahahii sansankaa |
Jab te jaari gayau kapi Lanka ||
Nij nij griham sab karahii bichaaraa |
Nahii nisichar kul ker ubaaraa ||

Jaasu doot bal barani na jaaee |
Tehi aayei pur kavan bhalaaee ||
Dootanhi san suni purajan baani |
Mandodari adhik akulaani ||

Rahasi jori kar pati pag laagi |
Boli bachan neeti ras paagi ||
Kant karash Hari san pariharahu |
Mor kaha ati hit hiyam dharahu ||

Samujhat jaasu doot kai karani |
Stravahii garbh rajanechar dharani ||
Taasu naari nij sachiv bolaai |
Pathavahu kant jo chahahu bhalaae ||

Tab kul kamal bipin dukhdaai |
Sita seet nisaa sam aaee ||
Sunahu naath Sita binu deenhen |
Hit na tumhaar Sambhu aj keenhen ||

[Doha]
Ram baan ahi gan saris
nikar nisaachar bhek |
Jab lagi grasat na tab lagi
jatanu karahu taji tek ||36||

Shravan suni sath taa kari baani |
Bihasa jagat bidit abhimaani ||
Sabhay subhaau naari kar saachaa |
Mangal mahun bhay man ati kacha ||

Jau aavai markat katkaai |
Jiahii bichaare nisichar khaai ||
Kampahii lokap jaaki traasaa |
Tasu naari sabheet badi haasaa ||

As kahi bihasi taahi ur laai |
Chaleu sabhaam mamtaa adhikaai ||
Mandodari hridayam kar chintaa |
Bhayau kant par bidhi bipareetaa ||

Baitheu sabhaam khabari asi paaee |
Sindhu paar sena sab aaee ||
Boojhesi sachiv uchit mat kahahu |
Te sab hanse masht kari rahahu ||

Jitehu suraasur tab shram naahin |
Nar baanar kehi lekhe maahin ||

[Doha]
Sachiv baid gur teenee jou
priy bolahii bhay aas |
Raaj dharm tan teenee kar
hoi begihee naas ||37||

Soi Raavan kahum bani sahaai |
Astuti karahii sunai sunaaee ||
Avasar jaani Bibheeshanu aavaa |
Bhraataa charan seesu tehii naavaa ||

Puni siru naaee baith nij aasan |
Bola bachan paayi anusaasan ||
Jau kripaal poonchhihu mohi baata |
Mati anuroop kahahum hit taataa ||

Jo aapan chaahai kalyaanaa |
Sujasu sumati subh gati sukh nana ||
So paranaari lilaari gosaaeen |
Taju chauthi ke chand ki naaee ||

Chaudah bhuvan ek pati hoee |
Bhoota droh tishtai nahii soee ||
Gun saagar naagar nar joou |
Alap lobh bhal kahai na kou ||

[Doha]
Kaam krodh mad lobh sab
naath narak ke panth |
Sab parihari Raghubeerahi
bhajahu bhajahim jehi sant ||38||

Taat Ram nahii nar bhoopaalaa |
Bhuvaneshwar kaalhu kar kaalaa ||
Brahm anaamay aj Bhagwantaa |
Byaapak ajit anaadi anantaa ||

Go dwij dhenu dev hitakaari |
Kripaa sindhu maanush tanudhaari ||
Jan ranjan bhanjan khal braataa |
Ved dharm rakshak sunu bhraataa ||

Taahi bayaru taji naaia maathaa |
Pranataarti bhanjan Raghunaathaa ||
Dehu naath prabhu kahum Baidehi |
Bhajahu Ram binu hetu sanehee ||
Saran gayein prabhu taahu na tyaga |
Biswa droh krit agh jehi laagaa ||
Jaasu naam tray taap nasaawan |
Soi prabhupragat samujhu jiyaRavan

[Doha]
Baar baar pad laag
binay karat dasasees |
Parihari maan moh mad
bhajahu Kosalaadhees ||39(ka)||

[Doha]
Muni Pulasti nij sishya san
kahi pathai yah baat |
Turat so main prabhu san
kahi paayi su-avsaru taat ||39(kha)||

Maalyavant ati sachiv sayanaa |
Taasu bachan suni ati sukh maanaa ||
Taat anuj tav neeti bibhooshan |
So ur dharahu jo kahat Bibheeshan ||

Ripu utkarsh kahat sath doou |
Door na karahu ihaan hai kou ||
Maalyavant grih gayau bahoree |
Kahai Bibheeshanu puni kar joree ||

Sumati kumati sab ke ur rahahii |
Naath puraan nigam as kahahii ||
Jahaan sumati tahaa sampati naana |
Jahaan kumati tahaan bipati nidana ||

Tav ur kumati basee bipareetaa |
Hit anahit maanahu ripu preetaa ||
Kaalraatri nisaachar kul keree |
Tehi Sita par preeti ghaneree ||

[Doha]
Taat charan gahi maagau
raakhau mor dulaar |
Seeta dehu Ram kahu
ahit na hoi tumhaar ||40||

Budh puraan shruti sanmat baani |
Kahi Bibheeshan neeti bakhaani ||
Sunat dasaanan uthaa risaai |
Khal tohi nikat mrityu ab aaee ||

Jiasi sadaa sath mori jiaavaa |
Ripu kar pachh moodh tohi bhaava ||
Kahasi na khal as ko jag maahii |
Bhuj bal jaahi jita main naahin ||

Mam pur bas tapasinh par preeti |
Sath milu jaai tinhahi kahu neeti ||
As kahi keenhesi charan prahaaraa |
Anuj gahe pad baarahii baaraa ||

Uma sant kai ihai badaaee |
Mand karat jo karai bhalaaee ||
Tumh pitu saris bhalehi mohi maara |
Ram bhaje hit naath tumhaara ||

Sachiv sang lay nabh path gayaau |
Sabahi sunaai kahat as bhayaau ||

[Doha]

Ramu satyasankalp prabhu sabhaa kaalbas tori |
Main Raghubeer sharan ab jaaun, dehu jani khori ||41||

As kahi chalaa Bibheeshan jabahin |
Aayu heen bhaye sab tabahin ||
Saadhu avagya turat Bhavaani |
Kar kalyaan akhil kai haani ||

Raavan jabahin Bibheeshan tyaaga |
Bhayau bibhav binu tabahi abhaaga ||
Chaleu harshi Raghunaayak paahii |
Karat manorath bahu man maahin ||

Dekhihau jaai charan jaljaataa |
Arun mridul sevak sukhdaataa ||
Je pad parasi tari rishi-naari |
Dandak kaanan paavan-kaari ||

Je pad Janakasuta ur laaye |
Kapat kurang sang dhar dhaaye ||
Har ur sar saroja pad jei |
Aho bhaagy main dekhihaun tei ||

[Doha]
Jinh paayanh ke paadukanhi
Bharatu rahe man laai |
Te pad aaju bilokihau
Inh nayanan-hi ab jaai ||42||

Ehi bidhi karat saprem bichaaraa |
Aayau sapadi sindhu ehi paaraa ||
Kapinh Bibheeshanu aawat dekhaa |
Jaana kou ripu doot biseshaa ||

Taahi raakhi kapees pahin aaye |
Samaachaar sab taahi sunaaye ||
Kah Sugreev sunahu Raghuraai |
Aavaa milan Dasaanan bhaai ||

Kah prabhu sakhaa boojhiye kaahaa|
Kah kapees sunahu Narnahaa ||
Jaani na jaai nisaachar maayaa |
Kaamroop kehi kaaran aayaa ||

Bhed hamaar len sath aavaa |
Raakhiy baandhi mohi as bhaavaa ||
Sakhaa neeti tumh neeki bichaari |
Mam pan sharanagat bhayahaari ||

Suniprabhubachan harashHanumana
Sharanagat bachchhal Bhagavaana ||

[Doha]
Sharanagat kahu je tajahi
nij anahit anumaani |
Te nar paavar paapmay
tinhahi bilokat haani ||43||

Koti bipra badh laagahii jaahoo |
Aayen sharan tajau nahin taahoo ||
Sanmukh hoi jeev mohi jabahii |
Janm koti agh naasahii tabahii ||

Paapavant kar sahaj subhaau |
Bhajan mor tehi bhaav na kaau ||
Jou pai dusht hriday soi hoi |
More sanmukh aav ki soi ||

Nirmal man jan so mohi paavaa |
Mohi kapat chhal chhidra na bhava ||
Bhed len pathvaa Dasaaseesaa |
Tabahu na kachu bhay hani Kapesa ||

Jag mahun sakhaa nisaachar jete |
Lachimanu hanai nimish mahu tete ||
Jou sabheet aavaa sharanai |
Rakhihau taahi praan ki naai ||

[Doha]
Ubhay bhaanti tehi aanahu
hansi kah kripaaniket |
Jai Kripaal kahi kapi chale
Angad Hanu samet ||44||

Saadar tehi aagein kari baanar |
Chale jahaan Raghupati karunakar ||
Doorihi te dekhe dvau bhraataa |
Nayan-aanand daan ke daataa ||

Bahuri Ram chhabi dhaam biloki |
Raheu thatuki ek-tak pal roki ||
Bhuj pralamb kanjaarun lochan |
Syaamal gaat pranat bhay mochan ||

Singh kandh aayat ur sohaa |
Aanan amit madan man mohaa ||
Nayan neer pulakit ati gaataa |
Man dhari dheer kahi mridu baataa ||

Naath Dasaanan kar main bhaataa |
Nischar bans janam surtraataa ||
Sahaj paappriy taamas dehaa |
Jathaa ulookahi tam par nehaa ||

[Doha]

Shravan sujasu suni aayau
prabhu bhanjan bhav bheer |
Traahi traahi aarti haran
saran sukhad Raghubeer ||45||

As kahi karat dandavat dekhaa |
Turat uthe prabhu harash biseshaa ||
Deen bachan suni prabhu man bhava
Bhuj bisal gahi hriday lagaavaa ||
Anuj sahit mili dhig baithaari |
Bole bachan bhagat bhayahaari ||
Kahu Lankes sahit pariwaaraa |
Kushal kuthaar baas tumhaaraa ||

Khal mandali basahu dinu raati |
Sakhaa dharam nibahai kehi bhanti ||
Main jaanau tumhaari sab reetee |
Ati nay nipun na bhaav aneetee ||

Baru bhal baas narak kar taataa |
Dusht sang jani dei Bidhaataa ||
Ab pad dekhi kushal Raghuraayaa |
Jou tumh keenhi jaani jan daayaa ||

[Doha]

Tab lagi kusal na jeev kahu
sapnehu man bishraam |
Jab lagi bhajat na Ram kahu
sok dhaam taji kaam ||46||

Tab lagi hridayam basat khal naana |
Lobh moh machchar mad maana ||
Jab lagi ur na basat Raghunaathaa |
Dharen chaap saayak kati bhathaa ||

Mamtaa tarun tamee andhiyaaree |
Raag dvesh ulook sukhkaaree ||
Tab lagi basat jeev man maahii |
Jab lagi prabhu prataap rabi naahii ||

Ab main kusal mite bhay bhaare |
Dekhi Ram pad kamal tumhaare ||
Tumh Kripaal jaa par anukoolaa |
Taahi na byaap tribidh bhav soolaa ||

Main nisichar ati adham subhaau |
Subh aacharan keenh nahin kaau ||
Jaasu roop muni dhyaan na aavaa |
Tehiprabhu harashihridaym mohilava

[Doha]
Aho bhaagy mam amit ati
Ram kripaa sukh punj |
Dekheun nayan biranchi sil
sebya jugal pad kanj ||47||

Sunhu sakhaa nij kahun subhaau |
Jaan Bhusundi Sambhu Girijaau ||
Jou nar hoi charaachar drohee |
Aave sabhay sharan taki mohee ||

Taji mad moh kapat chhal naanaa |
Karau sadya tehi saadhu samaanaa ||
Janani janak bandhu sut daaraa |
Tanu dhanu bhavan suhrid pariwara ||

Sab kay mamtaa taag batooree |
Mam pad manahi baandh bari doori ||
Samdarsee ichchhaa kachhu naahin |
Harash sok bhay nahin man maahin ||

As sajjan mam ur bas kaise |
Lobhi hriday basai dhanu jaise ||
Tumh saarikh sant priy more |
Dharau deh nahin aan nihore ||

[Doha]
Sagun upaasak parhit
nirat neeti dridh nem |
Te nar praan samaan mam
jinh ke dwij pad prem ||48||

Sunu Lankes sakal gun tore |
Taate tumh atisay priy more ||
Ram bachan suni baanar joothaa |
Sakal kahahi Jai kripaa baroothaa ||

Sunat Bibheeshanu prabhu kai bani |
Nahin aghaat shravanaamrit jaani ||
Pad ambuj gahi baarahin baaraa |
Hriday samaat na premu apaaraa ||

Sunhu Dev sacharachar swaamee |
Pranatapaal ur antarjaamee ||
Ur kachhu pratham baasnaa rahee |
Prabhu pad preeti sarit so bahee ||

Ab Kripaal nij bhagati paavnee |
Dehu sadaa Siv man bhaavnee ||
Evamastu kahi prabhu randheeraa |
Maaga turat sindhu kar neeraa ||

Jadapi sakhaa tav ichchha naahii |
Mor daras amogh jag maahii ||
As kahi Ram tilak tehi saaraa |
Suman brishti nabh bhayi apaaraa ||

[Doha]
Raavan krodh anal nij
swaas sameer prachand |
Jarat Bibheeshanu raakheu
dinheu raaju akhand ||49(ka)||

[Doha]
Jo sampati Siv Raavanahi
deenhi diye das maath |
Soi sampadaa Bibheeshanahi
sakuchi deenhi Raghunath ||49(kha)||

As prabhu chhaadi bhajahin je aana |
Te nar pasu binu poonchh bisaanaa ||
Nij jan jaani taahi apanaavaa |
Prabhu subhav kapi kul man bhava ||

Puni sarbagya sarb ur baasee |
Sarbaroop sab rahit udaasee ||
Bole bachan neeti pratipaalak |
Kaaran manuj danuj kul ghaalak ||

Sunu Kapees Lankapati beeraa |
Kehi bidhi tariya jaladhi gambheera ||
Sankul makar urug jhash jaatee |
Ati agaadh dustar sab bhaantee ||

Kah Lankes sunahu Raghunaayak |
Koti sindhu soshak tav saayak ||
Jadyapi tadapi neeti asi gaaee |
Binay kariy saagar san jaaee ||

[Doha]
Prabhu tumhaar kulguru jaladhi
kahihi upaay bichaari |
Binu prayaas saagar tarihi
sakal bhaaloo kapi dhaari ||50||

Sakha kahi tumh neekee upaai |
kariy daiv jou hoi sahaai ||
Mantra na yah Lachiman man bhava |
Ram bachan suni ati dukh paava ||

Naath daiv kar kavan bharosa |
soshiy sindhu kariy man rosa ||
Kadar man kahu ek adhaara |
daiv daiv aalasi pukaara ||

Sunat bihasi bole Raghubeera |
aisehi karab dharahu man dheera ||
As kahi Prabhu anujahi samujhaai |
sindhu sameep gaye Raghuraai ||

Pratham pranaam keenh siru naaee |
baithe puni tat darbh dasaai ||
Jabahi Bibheshan Prabhu pahin aye |
pachen Raavan doot pathaaye ||

[Doha]
Sakal charit tinh dekhe
dhare kapat kapi deh |
Prabhu gun hriday sarahahin
saranagat par neh ||51||

Pragat bakhan-hin Ram subhaau |
ati saprem gaa bisri duraau ||
Ripu ke doot kapinh tab jaane |
sakal baandhi Kapees pahin aane ||

Kah Sugreev sunahu sab baanar |
ang bhang kari pathavahu nishichar ||
Suni Sugreev bachan kapi dhaaye |
baandhi katak chahu paas phiraaye ||

Bahu prakaar maaran kapi laage |
deen pukaarat tadapi na tyaage ||
Jo hamaar har naasa kaana |
tehi Kausaladhees kai aana ||

Suni Lachhiman sab nikat bolaaye |
daya laagi hansi turat chhodaaye ||
Raavan kar deejahu yah paati |
Lachhiman bachan baachu kulghati ||

[Doha]

Kahehu mukhaagar moodh san
mam sandesu udaar |
Sita dei milehu
na ta aavaa Kaalu tumhaar ||52||

Turat naaee Lachhiman pad maatha |
chale doot baranat gun gaatha ||
Kahat Ram jasu Lankaan aaye |
Raavan charan sees tinh naaye ||

**Bihasi Dasanan poonchhi baataa |
kahasi na suk aapni kusalaataa ||
Puni kahu khabari Bibheeshan keri |
jaahi mrityu aayi ati neri ||**

**Karat raaj Lankaa sath tyaagi |
hoihi jab kar keet abhaagi ||
Puni kahu bhalu kees katkaai |
kathin kaal prerit chali aai ||**

**Jinh ke jeevan kar rakhvaaraa |
bhayu mridul chit sindhu bichaaraa ||
Kahu tapasinh kai baat bahori |
jinh ke hriday traas ati mori ||**

[Doha]
**Ki bhai bhet ki phiri gaye
shravan sujasu suni mor |
Kahasi na ripu dal tej bal
bahut chakit chit tor ||53||**

**Naath kripaa kari poonchheu jaise |
maanhu kaha krodh taji taise ||
Mila jaai jab anuj tumhaara |
jaatahi Ram tilak tehi saara ||**

Raavan doot hamahi suni kaana |
kapinh baandhi deenhe dukh naana ||
Shravan naasika kaatai laage |
Ram sapath deenhe ham tyaage ||

Poonchhihu Naath Ram katkaai |
badan koti sat barani na jaai ||
Naanaa baran bhalu kapi dhaari |
bikat aanan bisaal bhayakaari ||

Jehi pur daheu hateu sut tora |
sakal kapinh mah tehi balu thora ||
Amit naam bhat kathin karaalaa |
amit naag bal bipul bisaalaa ||

[Doha]
Dvibid Mayand Neel Nal
Angad Gad Bik-taasi |
Dadhimukh Kehari Nisathh
Sathh Jaamavant balraasi ||54||

E kapi sab Sugreev samaanaa |
inha sam kotinh ganai ko naanaa ||
Ram kripaan atulit bal tinhahi |
trin samaan trelok-hi ganahi ||

As main suna shravan Dasakandhar |
padum athaaraah joothap bandar ||
Naath katak mah so kapi naahin |
jo na tumhahi jeetai ran maahin ||

Param krodh meejhinh sab haathaa |
aayasu pai na dehii Raghunaathaa ||
Soshahii sindhu sahit jhash byaalaa |
purahin na ta bhari kudhar bisaalaa ||
Mardi gard milavahinh Dasaseesa |
aisei bachan kahahinh sab keesa ||
Garjahii tarjahii sahaj asankaa |
maanhu grasan chahat hahii Lanka ||

[Doha]
Sahaj soor kapi bhalu sab
puni sir par Prabhu Ram |
Raavan kaal koti kahu
jeeti sakahi sangraam ||55||

ram tej bal budhi bipulai |
sesh sahas sat sakhin na gai ||
sak sar ek soshi sat sagar |
tav bhrat-hi puchheu nay nagar ||

taasu bachan suni sagar paahii |
maagat panth kripa man maahin ||
sunat bachan bihsa dasaseesa |
jaon asi mati sahay krut keesa ||

sahaj bheeru kar bachan dridhai |
sagar san thani machalai ||
moodh mrisha ka karasi badai |
ripu bal buddhi thaah main paayi ||

sachiv sabhit bibheeshan jaakein |
vijay vibhuti kahan jag taakein ||
suni khal bachan doot ris baadhi |
samay bichari patrika kaadhi ||

raamaanuj dinhi yeh paati |
naath bachai judavahu chhaati ||
bihasi baam kar leenhi raavan |
sachiv boli sath laag bachavan ||

[Doha]
baatanh manhi rijhaai sath jani
ghaalasi kul khis |
raam virodh na ubrasii
saran vishnu aj is ||56(k) ||

[Doha]
ki taji maan anuj iv prabhu
pad pankaj bhring |
hohi ki raam saranal khal
kul sahit patang ||56(kh) ||

sunat sabhay man mukh musukaai |
kahat dasaanan sabhi sunai ||
bhumi para kar gahat akasa |
laghu taapas kar baag bilaasa ||

kah suk naath satya sab baani |
samujhu chhaadi prakriti abhimani ||
sunhu bachan mam parihari krodha |
naath raam san tajhu birodha ||

ati komal raghubeer subhaau |
jadyapi akhil lok kar raau ||
milat kripa tumh par prabhu karihi |
ur aparadh na ekau dharihi ||

janak-suta raghunathhi deejay |
etna kaha mor prabhu kijay ||
jab tehin kaha den baidehi |
charan prahaar kiinh sath tehi ||

naai charan siru chalaa so tahaan |
kripasindhu raghunaayak jahaan ||
kari pranam nij katha sunai |
raam kripaa aapani gati paayi ||

rishi agasti keen saap bhavani |
raachas bhayau raha muni gyaani ||
bandi raam pad baarahii baara |
muni nij ashram kahu page dhaara ||

[Doha]
binay na maanat jaldhi
jad gaye teen din beeti |
bole raam sakop tab
bhay binu hoi na preeti ||57 ||

lachhiman baan sarasan aanu |
Soshau baaridhi bishikh krisaanu ||
sath san binay kutil san preeti |
sahaj kripan san sundar neeti ||

mamata rat san gyaan kahani |
ati lobhi san birati bakhaani ||
Krodhihi sam kaamihi hari katha |
usar beej baen phal jatha ||

asi kahi raghupati chaap chhadaava |
yeh mat lachhiman ke man bhavaa ||
sandhaaneu prabhu bishikh karaala |
uthi udadhi ur antar jwalaa ||

makar urug jhash gan akulaane |
jarat jantu jalnidhi jab jaane ||
kanak thaar bhari mani gan naana |
bipr roop aayau taji maana ||

[Doha]
Kaatehii pai kadari farai
koti jatan kou seench |
binay na maan khages sunu
Daatehii pai nav neech ||58 ||

sabhay sindhu gahi pad prabhu kere
chhamhu naath sab avagun mere ||
gagan sameer anal jal dharani |
inha kai naath sahaj jad karni ||

tav prerit maya upjaaye |
srishti hetu sab granthani gaaye ||
prabhu aayasu jehi kahn jas ahai |
so tehi bhaanti rahe sukh lahai ||

prabhu bhal kenhi mohi sikh deenhi |
marjaadaa puni tumhari keenhi ||
dhol gawaar soodr pasu naari |
sakal taadna ke adhikaari ||

prabhu pratap main jaab sukhayi |
utarihi kataku na mori badaai ||
prabhu agya apel shruti gaai |
karau so begi jo tumhahi sohaai ||

[Doha]
sunat bineet bachan ati
kah kripaal musukaai |
jehi bidhi utarai kapi kataku
taat so kahahu upaai ||59 ||

naath neel nal kapi dwau bhai |
larikaai rishi aashish paayi ||
tinh ke paras kiyen giri bhaare |
tarihin jaldhi pratap tumhaare ||

main puni ur dhari prabhutai |
karihau bal anuman sahai ||
ehii bidhi naath payodhi bandhaia |
jehin yah sujasu lok tihu gaaia ||

ehii sar mam uttar tat baasi |
hatahu naath khal nar agh raasi ||
suni kripaal saagar man peeraa |
Turatahii hari raam ranadheeraa ||

dekhi raam bal pourush bhaari |
harshi payonidhi bhayau sukhari ||
sakal charit kahi prabhuhi sunavaa |
charan bandi paathodhi sidhavaa ||

[Chand]
Nij bhavan gavneu sindhu
shree raghupatihi yah mat bhaayau |
yah charit kali malahar
jathaamatidaas tulasi gaayau ||

sukh bhavan sansay saman davan
vishaad raghupati gun ganaa |
taji sakal aas bharos gaav-hi
sunahi santat sath manaa ||

[Doha]
sakalsumangal daayak
raghunaayak gun gaan |
saadar sunahi te tarihin
bhav sindhu bina jaljaan ||60 ||

iti shrimad raamcharitmaanse
sakal-kalikalush-vidhwansane panchamah
sopaanah samaaptah I

(iti sundarkand samaapt)

Sundarkand Samaapan Doha

katha visarjan hot hai |
sunahu veer hanumaan |
jo jan jahan se aat hai |
jah tah karo prayaan ||
raam lakhan siyaa jaanki |
sada karahoon kalyan |
raamayan vaikunth ki |
vida hot hanumaan ||

siyaavar raamchandra ki jai |
pavansut hanumaan ki jai |

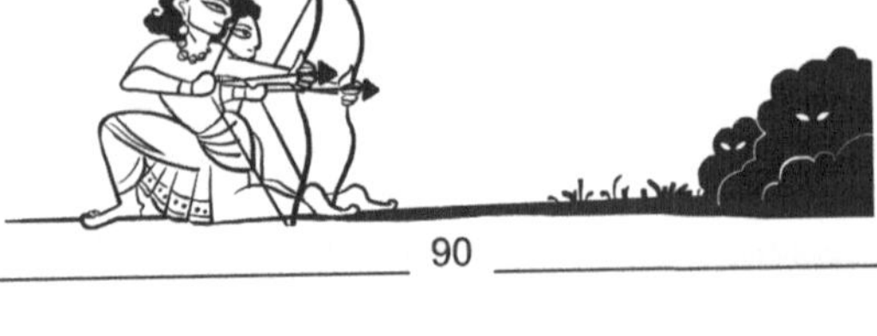

Printed at Repro India Ltd.